B. Lettris Nº 10728.
B. Sc.

C. d'Alyon. 17374

LES AMOVRS TRAGIQVES DE PYRAME ET THISBE

MIS EN VERS FRAN-
çois par le Sieur Theophile.

A PARIS,

Chez IBAN MARTIN, ruë de la vieille
Bouclerie à l'Escu de Bretagne.

Iouxte la coppie imprimée à Roüen par
IACQVES CAILLOVE.

M. DC. XXVI.

LES ACTEVRS

THISBE.
PYRAME.
BERSIANE.
NARBAL.
LIDIAS.
LE ROY.
SYLLAR.
DISARQVE.
DEVXIS.
LA MERE DE THISBE.
ET SA CONFIDENTE.

LES AMOVRS TRAGIQVES DE PYRAME & Thisbé.

TRAGEDIE.

ACTE PREMIER.

THISBE', BERSIANE, NARBAL, LIDIAS, LE ROY, SILLAR.

SCENE I.

THISBE', BERSIANE.

V bruit & des fascheux auiourd'huy separee,
Ma seule fantaisie auec moy retiree,
Ie puis ouurir mon ame à la clarté des Cieux,
Auec la liberté de la voix & des yeux.
Il m'est icy permis de te nommer Pyrame,

ij A

Il m'est icy permis de t'appeller mon ame,
Mon ame, qu'ay-ie dit, c'est fort mal discourir
Car l'ame nous fait vivre & tu me fais mourir.
Il est vray que la mort que ton amour me livre,
Est aussi seulement ce que i'appelle vivre,
Nos esprits sans l'Amour assoupis & pesans
Comme dans vn sommeil passent nos ieunes ans,
Auparauant qu'aymer on ne sçait point l'vsage,
Du mouuement des sens ny des traicts du visage,
Sans ceste passion les plus lourds animaux,
Cognoistroient mieux que nous & les biens & les maux,
Nostre destin seroit comme celuy des arbres,
Et les beautez en nous seroient comme des marbres,
En qui l'ouurier grauant l'image des humains
Ne sçauroit faire agir ny les yeux, ny les mains,
Vn bel œil dont l'esclat ne luict qu'à l'auanture,
C'est comme le Soleil que cachoit la Nature,
Auparauant qu'il fust entré dans ses maisons,
Et qu'il peust discerner la beauté des saisons,
Moy ie croy seulement depuis l'heure premiere,
Que l'Amour me toucha d'auoir veu la lumiere,
Et que mon cœur ne vint à respirer le iour,
Que dés l'heure qu'il vint à souspirer d'Amour,
Et combien que le Ciel face couler ma vie,
Dans ceste passion auecques vn peu d'ennie,
Que mille empeschemens combattent mes desirs,
Et qu'vn triste succez menasse nos plaisirs,
Que les discords mutins d'vne haine ancienne,
Diuisent la maison de Pyrame & la mienne,
Qu'homme, Ciel, temps & lieux, naisent à mon dessein,
Ie ne sçaurois pourtant me l'arracher du sein,
Et quand ie le pourrois ie serois bien marrie,
Que d'vn si cher tourment mon ame fust guerie,

Vne telle santé me donneroit la mort,
Le penser seulement m'en fasche & me faict tort.
Bersiane.
Comment vous estre ainsi de nous tous esloignee,
Osez vous bien aller sans estre accompagnee,
Tout le monde au logis est en peine de vous,
Et sur tout vostre mere en est en grand courroux.
Thisbé.
Pourquoy cela ? ma vie est elle si suspecte ?
Bersiane.
Non, mais tousiours les vieux veullent qu'on les respecte,
Vous deniez pour le moins vn de nous aduertir,
Faire quelque semblant que vous alliez sortir.
Thisbé.
Sçais-tu pas bien que j'ayme à resuer, à me taire,
Et que mon naturel est vn peu solitaire,
Que ie cherche souuent à m'oster hors du bruict,
Alors pour dire vray ie hay bien qui me suit,
Quelquefois mon chagrin trouueroit importune,
La conuersation de la bonne fortune,
La visite d'vn Dieu me desobligeroit,
Vn rayon du Soleil par fois me fascheroit.
Bersiane.
La cheute d'vne fueille, vn zephir, vn atosme ?
Thisbé.
Ie te laisse à iuger que feroit vn fantosme,
Et de quelle façon ie me verrou punir,
Qu'vn esprit des Enfers me vint entretenir.
Bersiane.
A ce compte ie suis desia parmy ce nombre.
Thisbé.
Iamais rien de viuant ne sembla mieux vn ombre.

Berf.
D'où viennent ces desdains ?
Thisb.
vieux spectre d'ossemens,
Vrayment ie cherche bien tes divertissemens.
Berf.
Ie cognois bien que c'est de moy qu'elle murmure,
Ie suis donc cét object d'Infernalle figure.
Thisb.
Ie ne dis pas cela, mais tu peux bien penser.
Berf.
Que de mon entretien on se pouuoit passer.
Thisb.
Iustement
Berf.
ie cognois, ou ie suis peu sansée.
Thisb.
Qu'autre chose que toy me tient dans la pensée.
Berf.
Ce n'est pas sans subject Thisbé, que nos soupçons
Vous ont fait tous les iours ouyr tant de leçons
Vostre mere a raison d'avoir l'œil & l'oreille,
Dessus vos actions
Thisb.
n'importe qu'elle y veille,
Ie n'ay rien fait iamais à craindre des tesmoings,
Mon innocente humeur se mocque de vos soings,
I'en suis esmeuë autant que du bruict d'vne fueille,
Car ie vis sans reproche.
Berf.
hé ! le bon Dieu le vueille.
Thisb.
Adieu, cherche quelqu'vn à qui te faire ouyr.

Berl.

On a beau tel secret dans les os enfouyr,
L'Amour, l'ambition, l'orgueil, & la cholere,
Sont tousiours sur nos fronts d'vne apparence claire,
I'espere en peu de iours que nous viendrons à bout,
De ceste confidence, & que nous sçaurons tout.

SCENE II.

NARBAL, LIDIAS.

Malgré moy persister en ce funeste Amour,
Apres les droicts du Ciel l'ingrat me doit le iour,
Toy qui si laschement flattes sa fantaisie,
Tu veux que ma raison cede à ta frenesie,
Et me rememorant ce qu'autresfois ie fis:
Tu me veux conseiller la perte de mon fils,
Il est vray qu'autresfois i'ay senti ceste flame,
Lors qu'vn sang plus subtil faisoit agir mon ame,
Esclaue que ie suis des naturelles loix,
Comme vn autre en mon temps de ce feu ie brusloi̇s,
Mais tousiours mes desseins estoient auec licence,
Et mes iustes desirs pleins d'heur & d'innocence.

Lidias.

Vous en auez depuis perdu le souuenir,
Mais si les mesmes ans pouuoient vous reuenir
Et qu'en vostre faueur la Loy de la Nature,
Vous effaçant l'horreur que fait la sepulture,
A vos membres cassez leur force rapportat,
Et remit vos esprits en leur premier estat,
Ie croy que vos rigueurs changeroient bien de termes,
Et que vos sentimens ne seroient plus si fermes

Ce pauure fils à qui vous voulez tant de mal,
Vous verroit transformé de censeur en riual,
On ne sçauroit dompter la passion humaine,
Contre Amour la raison est importune & vaine,
Tousiours l'obiect aimable a droict de nous charmer,
Lors qu'on est en estat de le pouuoir aymer,
L'ame se void bien tost d'vne beauté forcee,
Par le rapport des yeux auecques la pensee.
    Narbal.
Ton esprit tient encor vn peu de la saison.
Qui ne void point meurir les fruicts de la raison,
Moy qui suis bien guery de ceste humeur volage,
Ayant desia passé tous les degrez de l'aage,
Ie cognois mieux que toy la vie & le deuoir
Et bien tost mieux que toy ie luy feray sçauoir,
Aymer sans mon congé & s'obstiner encore,
D'vn Amour qui le pert & qui me deshonore,
D'vn ennemy mortel la fille rechercher,
Ie t'ayme mieux le cœur hors du sein arracher,
Tu demordras mutin, ie te feray cognoistre,
Le respect que tu dois à ceux qui t'ont faict naistre,
Et que tu ne dois point suiure sa passion,
Ny faire des desseins sans ma permission.
    Lidias.
Quand on s'engage au sort d'vne pareille affaire,
Vne permission n'est iamais necessaire,
On ny sçauroit pouruoir quand c'est vn accident,
A cela le plus fin est le plus impudent,
On ne demande point congé d'vne aduanture,
S'il en faut demander c'est donc à la nature,
Qui conduict nostre vie, & s'addresser aux Dieux,
Qui tiennent en leurs mains nos esprits & nos yeux.
    Narbal.

Narbal.

Ne sçait-il pas qu'il est obligé de me plaire,
Que cét Amour furtif s'irrite m'acelere,
Qu'il va dans ce proiect mes iours diminuant,
Et fait vn parricide en le continuant,
Les Dieux trouuent-ils bons puis qu'ils sont equitables,
Qu'on face des forfaits,

Lidias.

            s'il sont ils inéuitables,
Les Dieux n'en veulent point en retirer nos pas,
Mesmes puis qu'en Amour le crime a des appas,
Que la rigueur des Loix l'entretient & l'augmente,
Les Amans trouuent grace aupres de Radamante,
Mais vne noire humeur qui nieut des assassins
Vne nature lache encline à des larcins,
C'est ce qui fait horreur au Ciel & à la terre,
Et sur quoy iustement doit tomber le tonnerre,
Où la necessité d'vn amoureux desir,
Qui de l'ame & du corps n'aspire qu'au plaisir
Merite qu'on l'assiste, & vouloir sa ruyne,
Tient vn peu d'vne humeur enuieuse & chagrine.

Narbal.

Tes discours ne sont point assez persuasifs,
Ce mal ne prend qu'aux cœurs mols, delicats, oysifs,
Où iamais le bon sens n'a choisi sa demeure,
Où iamais la Vertu ne trouue vne bonne heure,
Suffit, Quand la raison le contraire vou'roit,
L'Empire paternel conseruera son droict,
Mon pouuoir absolu rompra ceste entreprise,
Et mon authorité luy fera lascher prise.

Lidias.

Vous voulez qu'Ixion lié dans les Enfers,
S'arrache de sa roue, & qu'il brise ses fers,

B

Qu'vn homme defia mort fa guerifon reçoiue,
Que Siciphe repofe, & que Tantale boiue,
Tous nos efforts ne font que d'vn pouuoir humain,
Qui tend à l'impoßible il fe trauaille en vain.

SCENE III.

LE ROY, SYLLAR.

C'Eſt trop faire de vœux, c'eſt trop verſer de larmes,
Il faut auoir recours à de meilleures armes,
Ceſte ingratte farouche auecques ſes meſpris,
A donné trop long-temps la gehenne à mes eſprits,
La qualité de Roy, l'eſclat de ma fortune,
Au lieu de l'en tirer la choque & l'importune,
Elle ayme mieux, ignoble & honteuſe qu'elle eſt
Vn ſimple Citoyen,

    Syllar.
    ſon ſemblable luy plaiſt.
   Le Roy.
Ie le rendray pourtant ſi le Soleil m'éclaire,
Seulement auiourd'huy, peu capable de plaire.
    Syllar.
A quel ſi bon moyen pouuez vous recourir
Pour le rendre odieux,
    Le Roy.
    ie le feray mourir,
Toute autre inuention eſt douteuſe & groſsiere
Lors qu'elle le verra ſanglant ſur la pouſsiere,
Que les yeux en mourant, les regards à l'enuers,
Hideux ſans mouuement demeureront ouuerts,
Il faut que l'amitié ſoit bien dans la penſee,
Si par vn tel obiect elle n'en eſt chaſſee,

Ie sçay bien que Thisbé sans des vluës douleurs,
Ne verra point sa mort, ny sans beaucoup de pleurs,
Mais auecques le temps iusqu'à la moindre trace,
La plus forte douleur se dissipe & s'efface,
Ayant veu que l'obiect de son premier Amour,
N'aime plus, ne sent rien, n'a plus de part au iour,
Elle encore viuante & encore sensible,
A mon affection sera plus accessible.

Syllar.
L'aymez-vous iusqu'au poinct de violer la Loy.

Le Roy.
Tu sçais que la Iustice est au dessous du Roy,
La raison deffaillant, la violence est bonne,
A qui sçait bien vser des droicts d'vne Couronne.

Syllar.
Mais tousiours vous sçauez que l'équité vaut mieux.

Le Roy.
Les grands Roys doiuent viure à l'exemple des Dieux.

Syllar.
Aussi vous ont-ils faicts leurs Lieutenans en terre,

Le Roy.
Leur cholere à son gré fait tomber le tonnerre,
Et quoy qu'ils soyent portez, ce semble à nous cherir,
Pour monstrer leur puissance ils nous font tous mourir,
Et moy ie tiens du Ciel ma meilleure partie,
Mon ame auec les Dieux a de la simpatie,
I'ayme que tout me craigne, & croy que le trespas,
Tousiours est iuste à ceux qui ne me plaisent pas,
Pyrame est en ce rang, sa mort est legitime,
Car desplaire à son Roy, c'est auoir fait vn crime,
Il n'est pas innocent. Ceux que la loy du sort
Rend mal voulus du Prince ils sont dignes de mort.
Mon Amour l'a conclu. Ce tiran implacable:

B ij

En donne auec moy l'Arreſt irreuocable,
Il ſera ma victime, & ie iure deuant
Qu'aucun ait ietté l'œil ſur le Soleil leuant,
D'euſſe-ie par ma main executer ma haine :
Son treſpas reſolu me tirera de peine.
Icy me fera voir cét acte officieux,
Celuy de tous les miens qui m'aymera le mieux,
Icy dois-ie tirer vne preuue aſſeuree,
De la fidelité qu'on m'a cent fois iuree.
Syllar.
Le temps & la raiſon pourroient-ils point oſter,
Ces violens deſirs
Le Roy.
rien que les augmenter,
Le temps & la raiſon feront du feu la glace,
Et m'oſteront pluſtoſt le cœur hors de ſa place.
Syllar.
Puis que c'eſt vn deſſein qu'on ne peut diuertir,
A quel prix que ce ſoit il en faut donc ſortir,
Sire, me voicy l'ame & la main toute preſte,
A quoy que vos deſſeins ont deſtiné ma teſte.
Le Roy.
Comment tu me preuiens, ha! veritablement,
Ie voy bien que tu veux m'obliger doublement,
Vn plaiſir eſt plus grand qui vient ſans qu'on y penſe,
Qui ſouffre qu'on demande à pris ſa recompenſe,
Meſme quand le beſoin de nos deſirs preſſez
A qui ne fait le ſourd, ſe fait entendre aſſez.
Syllar.
Ie m'en vais de ce pas vacquer à l'entrepriſe.
Le Roy.
O qu'en ton amitié le Ciel me fauoriſe.
Syllar.
Dans deux heures d'icy nous y mettrons la main.

Le Roy.
Il est vray qu'il vaut mieux auiourd'huy que demain,
Ie ne te parle point encore du salaire.
Syllar.
Sire tout mon espoir est l'honneur de vous plaire.
Le Roy.
Ie sçay que tout seruice est digne de loyer.
Syllar.
Il sçait bien comme il faut les hommes employer,
Vne telle action dessus le gain se fonde,
C'est le plus liberal de tous les Roys du monde,
Il en est mieux seruy. L'argent a des ressorts,
Qui font aller par tout nos esprits & nos corps.

ACTE DEVXIESME.

THISBE, PYRAME, DISARQVE.

SCENE I.

PYRAME, DISARQVE.

Ie sçay bien cher amy que ton sage dessein,
Est de m'oster la flame & la mort hors du sein.
De r'amener à soy ma pauure ame esgarée,
Qui s'est depuis deux ans d'auec moy separée,
Mais sçache que mon ame abhore ta raison,
Que ie prend tes conseils pour vne trahison,
Et d'abord que tu viens à me parler d'esteindre,

Ce feu dont nuict & jour ie ne fais que me plaindre,
Malgré le sentiment que i'ay de mon erreur,
Et de ton amitié ta voix me fait horreur,
Ie te hay si tu es ennemy de mon aise,
Il faut que ton esprit à mon humeur se plaise,
Que tu perdes le soin de censurer mes pleurs,
Que ton affection consente à mes malheurs,
Et que ton iugement mette son industrie,
A conseruer mon mal.

Disarque.
mon Dieu quelle furie,

Pyrame.
Autrement ie te tiens barbare & sans pitié.

Disarque.
Que vous cognoissez mal les fruicts de l'amitié.

Pyrame.
Ie veux que mon amy sans feinte & sans reserue,
Dedans ma passion me complaise & me serue.

Disarque.
Et quoy si vostre amy vous auoit veu courir
Dans vn danger mortel

Pyrame.
qu'il me laissast mourir,
Le plus sanglant despit que la Fortune liure
A des desesperez, c'est les forcer de viure.

Disarque.
Il est vray qu'vn desir vne fois emporté,
Vers vn funeste Amour a plus de fermeté,
On retracte plustost le dessein legitime,
D'vne bonne action que le proiect d'vn crime,
Le mal a plus d'appas, & ce qui plus nous nuit,
Auecques plus d'adresse & de vigueur nous suit,
Vous courez obstiné ce semble à vostre perte,

Quelque difficulté qui vous y soit offerte,
Vos parens obligez d'vn naturel denoir,
Vous opposent icy leur absolu pouuoir.
Pyrame.
C'est par où mon desir dauantage se picque,
I'ayme bien à forcer vne loy tyrannique,
Amour n'a point de Maistre, & vos empeschemens
Ne me sont desormais que des allechemens :
C'est vne occasion de me monstrer fidelle,
C'est prouuer à Tisbé que i'ose tout pour elle,
N'as-tu point quelquesfois pris garde à sa beauté,
Toy qui par dessus tous ayme la nouueauté,
Toy qui depuis les bords d'où le Soleil se leue,
Iusqu'aux flots recullez où la clarté s'acheue,
Des obiects les plus beaux as fait iuges tes yeux,
En as tu recogneu qui puissent plaire mieux.
Disarque.
Il est certain qu'elle a quelque chose de rare.
Pyrame.
Dis qu'elle a quelque chose à tanter vn barbare,
Celuy que ses regards ne peuuent pas toucher,
Il a des duretez de souche & de rocher.
Disarque.
Voyla bien des discours de la melancholie.
Pyrame.
Ie croy que ta raison vaut mieux que ma folie,
Et que tu viens à tort me plaindre & m'accuser,
D'vn erreur où les Dieux se voudroient abuser,
Ne m'en parle iamais ; ta resistance est vaine,
Et si tu n'as iuré de t'acquerir ma haine,
Si tu n'as resolu de rompre auecques moy,
Dedans ma passion ne me fais plus la loy,
Tu voudrois que i'aimasse à la façon commune,

Et qu'vn lasche dessein de faire ma fortune,
M'amenast dans le but de tes intentions.
Disarque.
Ie voudrois gouuerner vn peu vos passions,
Et vous sauuer l'esprit du danger & du blasme.
Pyrame.
Est-ce à toy ie te prie à gouuerner mon ame,
Ce cœur fut-il par toy là dedans enfermé ?
Laisse faire à Nature, elle me l'a formé,
C'est d'elle dont Thisbé se veid aussi formee,
Pour enflammer ce cœur, & pour en estre aymee,
N'ayans tous deux qu'vn but de peine & de plaisir,
Semblables à l'humeur de l'aage & du desir,
Et si i'osois flatter encore mon visage,
On nous pourroit tous deux cognoistre en vne Image,
C'est le premier appas dont mon cœur souspira,
C'est le premier espoir dont Amour m'attira.
Cher espoir dont mon ame heureusement se flatte,
Car son œil sauorable à mes regards esclatte,
Me comble de faueur, bref ie suis asseuré,
d'vn Amour mutuel elle me l'a iuré,
Mes levres dans ses mains en ont cueilly le gage,
Et pour le confirmer d'vn plus pressant langage,
Ses pensers me l'ont dit, ses yeux en sont tesmoins :
Car dans tous nos discours la voix parle le moins,
Nous disons d'vn traict d'œil à nos ames blessées,
Bien plus qu'vn liure entier n'exprime de pensees,
Et des souspirs de sen, d'elle à moy repassans,
Mieux que nul confidens s'expliquent à nos sens,
Nous n'auons pas besoin que d'autres s'introduisent,
A traitter nos Amours, les arbitres nous nuisent,
Le meilleur confident ne sert iamais si bien,
Que dans nostre interest il ne mesle le sien,

Selon

Selon sa fantaisie il aduanse ou reculle,
L'aueugle mouuement d'vn pauure esprit qui brusle,
Pour moy ie ne sçaurois souffrir vn Gouuerneur,
I'ayme mieux reüssir auec moins de bonheur,
Les soings de la prud'nce ont trop d'inquietude,
Mon ame n'a d'obiect sinon ma seruitude,
Où ie trouue mon bien mieux qu'en ma liberté,
Et que i'ayme sans doute autant que la clarté.
Disarque.
Puis que c'est vne peste à vos os attachee,
Vne flesche mortelle en vostre cœur fichee,
C'est en vain que l'on prend le soing de vous guarir.
Pyrame.
Guerir on ne le peut sans me faire mourir.
Disarque.
Au moins prenez bien garde en cét Amour furtiue,
Qu'vn funeste succez à vos desseins n'arriue,
Vous estes espiez & de loin & de pres,
Par des yeux vigilans qu'on y commet expres.
Pyrame.
Toute leur diligence est assez inutile,
L'ame des Amoureux n'est pas si peu subtille,
Nous sçauons bien choisir & le temps & le lieu,
Où mesme ne sçauroit nous descouurir vn Dieu,
Ne t'en mets point en peine, & seulement endure,
Si tu me veux aymer que ma fureur me dure,
Adieu laisse moy seul m'entretenir icy,
Voyla la nuict qui vient, le Ciel est obscurcy,
Ma maistresse m'attend. Afin de me complaire,
L'autre Soleil s'en va quand cestuy-cy m'esclaire,
Priuez de tous moyens de nous parler ailleurs,
Et ne pouuant venir à des accez meilleurs,
Vne petite fente en ceste pierre ouuerte,

C

Par nous deux seulement encore descouuerte,
Nous fait secrettement aller & reuenir,
Les propos dont Amour nous laisse entretenir,
Car c'est le lieu par où nos passions discrettes,
Donnent vn peu de iour à nos flames secrettes,
Icy cruels parens malgré vos dures loix,
Nous faisons vn passage à nos timides voix,
Icy nos cœurs ouuerts malgré vos tyrannies,
Se sont entrebaiser vos volontez vnies,
Conseillers inhumains, peres sans amitié,
Voyez comme ce marbre est fendu de pitié,
Et qu'à nostre douleur le sein de ses entrailles,
Pour receler nos feux s'entrouue les entrailles,
Que l'air se prostituë à nos contentemens,
L'air le plus rigoureux de tous les Elemens,
Le pere des frimats, la source des orages,
A plus d'humanité que vos brutaux courages,
Mais i'entends quelque bruit, c'est elle sans faillir,
Ie sens tous mes esprits d'aise me deffaillir,
Elle ne ment iamais, & seroit conscience,
De charger son Amant de trop de patience.
Ie voy comme elle approche & marche à pas comptez,
Soubçonneuse eslauçant ses yeux de tous costez.

SCENE II.

THISBE', PYRAME.

Thisbé.

EST-tu là mon soucy

Pyrame.

qui vous a retenuë,

Auiourd'huy pour le moins vous estes preuenuë,
Vous arriuez plus tard que ie ne fis hier.
Thisb.
Il est vray que i'ay tort, ie ne le puis nier,
Mais quand ie t'auray dit ce qui m'a deu contraindre,
Ie croy que tu seras obligé de me plaindre,
Ie te feray pitié, car ie ne pense pas,
Que le mal qu'on m'a fait soit moins que le trespas.
Pyrame.
Comment, vous a-on faict quelque iniure mon ame,
Quelqu'vn en son absence a il blessé Pyrame,
Vn Dieu ne le pourroit auec impunité.
Thisb.
Ceste offence n'estoit que l'importunité,
D'vne vieille hideuse & sotte creature,
Qui m'a tout auiourd'huy mis l'ame à la torture,
Qui m'a fait tant de loix, m'a tant donné d'aduis,
Et tant reïteré d'inutiles deuis,
Qu'on tariroit plustost l'humidité de l'onde,
Que ceste humeur chagrine en caquets si feconde.
Pyrame.
Dictes moy ie vous prie encore en quoy tendoit,
Les discours au plus fort la vieille s'estendoit.
Thisb.
De rendre vne parfaicte & pleine obeyssance
A ceux à qui ie doy le bien de ma naissance,
De ne me dispenser de prendre aucun plaisir,
Que leur commandement ne me le vint choisir,
Sur tout de bien deffendre, & l'esprit, & l'oreille,
Des pointes dont Amour vn ieune sang reueille,
Que les ieunes esprits n'ont rien de dangereux,
Au pris que d'escouter vn conseil amoureux,
Que mesme aux plus heureux cés appas est funeste,

C ij

Que c'est vn precipice, vn poison vne peste.
Pyrame.
Elle vous a donc fait l'Amour bien odieux.
Thisb.
Elle me l'a dépeint comme il est dans ses yeux.
Pyrame.
Estranges changemens où tombe la Nature,
Vn pauure corps vsé qui n'est que pourriture,
Vne vieille à qui l'aage a seiche les humeurs,
A qui les sens gastez ont peruerty les mœurs,
Vn sang gros & pesant, tousiours froid comme glace,
Si ce n'est qu'vne siéure eschauffe vn peu sa masse,
Vn tronc de nerfs & d'os d'artifice mouuant,
Qu'on ne sçauroit nommer qu'vn fantosme viuant,
Persecute tousiours d'vne jalouse enuie,
Les passe-temps heureux de nostre ieune vie,
Ces vieillards dont l'esprit & le corps abbatu,
Erigent l'impuissance en tiltre de vertu,
Eux mesmes qui le cours de la nature suiuent,
Qui selon l'appetit de leur vieillesse viuent,
Pretendent contre nous forcer l'ordre du temps,
Et que nous soyons vieux en l'aage de vingt ans,
Nos mœurs par leur exemple imprudemment censurent,
Alleguant ce qu'ils sont & non pas ce qu'ils furent,
Au moins ma chere vie en ce sot entretien,
Ie croy que cét esprit n'a rien peu sur le tien.
Thisb.
Ces discours m'ont passé plus loing qu'vne nuee.
Pyrame.
Ta bonne volonté n'est pas diminuee.
Thisb.
Elle a creu d'auantage, on n'a fait que jetter
Du souffre dans la flame à fin de l'irriter,

Ie suis d'vn nâturel à qui la resistance,
Renforce le desir, l'espoir & la constance,
Ie croy qu'on me verroit mourir autans de fois,
Qu'on me force d'ouyr ces importunes voix,
Sinon que mon Amour de plus en plus persiste,
Et brusle dauantage alors qu'on luy resiste,
Et ie n'ay rien de cher comme vne occasion,
De tout ce qui sçauroit nourrir ma passion,
Puis qu'au diuin obiect dont ie suis amoureuse,
Le sort veut que ie sois parfaitement heureuse,
Que tu merites bien l'inuiolable foy,
Que iusques au tombeau ie garderay pour toy.
Pyrame.
Et moy si le tombeau laissoit encor' aux ames,
Quelque petit rayon de leurs deffunctes flames,
Ie n'aurois autre feu que toy dans les Enfers,
Et dedans leurs prisons ie n'aurois que tes fers,
Mais parmy nos discours nous ne prenons pas garde,
Que ce doux entretien dont Amour nous retarde,
S'il n'est bien ménagé nous manquera bien tost.
Thisbé.
Helas! ne pourrons-nous iamais dire qu'vn mot,
Les oyseaux dans les Bois ont toute la iournee,
A chanter la faueur qu'Amour leur a donnee :
Les eaux & les Zephirs quand ils se font l'Amour,
Leur rire & leur souspirs font durer nuict & iour.
Pyrame.
Il se faut retirer de crainte qu'il n'arriue
Que de ce peu de bien encore on ne nous priue.
Thisbé.
Dans vne heure au plus tard ie reuiens donc icy.
Pyrame.
Et moy ie seray mort, si ie ne viens aussi.

ACTE TROISIESME.

DEVXIS, SYLLAR, PYRAME,
LE ROY.

SCENE I.

DEVXIS, SYLLAR, PYRAME.

YLLAR ie suis troublé d'vn funeste
presage,
Vn glaçon de frayeur m'estraint tout le
courage,
Pensant à tel dessein ie me remets aux yeux.
Les iustes iugemens des hommes & des Dieux.

Syllar.
Quoy tu manque de cœur.

Devxis.
ie sens de la contrainte
En ce que i'entreprens, & non pas de la crainte.

Syllar.
Ie cognois ton courage, & c'est la cause aussi,
Qui fait que ie t'employe en ceste affaire icy.

Devxis.
Il est beau de tenter vne mort legitime,
Pour quelque grand exploict & qui se fait sans crime,
On appelle courage vn esprit genereux,
Qui n'est point inhumain comme il n'est point peureux,
Qui meurt sur vne breche, & dont les funerailles

Se font chez l'ennemy sont vn bris de murailles,
Le trespas est loüable ou ignominieux,
Selon que ce subiect est lasche ou glorieux,
Mais pense à quelle fin nous auons pris l'espee,
A quel exploict sera nostre main occupee,
Quoy sans estre offencez nous nous voulons venger,
Quand on n'a poins de haine on n'en sçauroit forger.
       Syllar.
Nostre commission donne toute licence.
       Deuxis.
On ne peut sans remords s'en prendre à l'innocence,
Il ne nous a rien fait nous le voulons tuër :
       Syllar.
La volonté du Roy se doit effectuer.
       Deuxis.
Si quelque excez leger contentoit sa cholere,
Ie croy que iustement on luy pourroit complaire,
Mais en vn faict semblable, en vne trahison,
Chacun le peut desduire auec trop de raison.
       Syllar.
En desdisant son Roy, quelque iuste apparence
Que puisse prendre vn peuple, il commet vne offence,
Comme les Dieux au Ciel, sur la terre les Roys
Establissent aussi des souueraines Loix,
Ils partagent égaux ce que le monde enserre,
Les Dieux sont Roys du Ciel, les Roys Dieux de la terre,
Iupiter d'vn clin d'œil fait les Astres mouuoir,
Et nos Princes sur nous ont le mesme pouuoir,
A la grandeur des Dieux leur grandeur se figure,
Comme au vouloir des Dieux leur vouloir se mesure.
       Deuxis.
Il leur faut obeyr, si leur commandement
Imite ceux des Dieux qui sont tout iustement.

Syllar.

Enquerir leur secret tient trop du temeraire,
C'est aux Roys à le dire, & à nous à le faire,
S'il a mal commandé, l'homicide commis
Tombera sur sa teste, & nous sera remis.
Le deuoir ignorant rend vne ame innocente.

Deuxis.

Mais cognoissant le mal, il faut qu'elle y consente,
Vn deuoir ignorant, & quoy ne vois-tu pas
Qu'on brasse à l'innocent vn perfide trespas,
Que l'Enfer vn pareil n'en sçauroit faire naistre.

Syllar.

Considerant de pres & l'honneur & le droict,
Tout le monde sans doute icy nous reprendroit:
Mais nous sommes forcez, le Prince l'a faict faire,
Il luy faut obeyr c'est vn poinct necessaire.

Deuxis

Et pourquoy necessaire, il vaut mieux encourir
Sa disgrace eternelle.

Syllar.

Il vaut mieux donc mourir.

Deuxis.

I'aymerois mieux la mort qu'vne honteuse vie,
De remords criminels incessamment suiuie,
Quand le chien des Enfers auecque ses abbois
Vient troubler les viuans, ils sont morts mille fois.
Mais mourant pour l'honneur on cours par les brisées
D'vn bien-heureux repos dans les champs Elisées,
Les esprits dépestrez de vicieux discords,
Qu'ils ont auec nos sens ioyeux quittent nos corps.

Syllar.

Quelque si doux accueil que Mercure prepare,
Crois qu'vn homme se trouble alors qu'il se separe,

Que

Que les corps trespassez d'vne pierre couuerts,
Change les os en poudre, & la charongne en vers,
Que les esprits errans par les riues funebres,
D'vn Cocite incognu, ne sont plus que tenebres.
Qu'on soit bien dans ce regne où Pluton tient la Cour,
C'est vn compte, il n'est rien de si beau que le iour,
Le moindre chien viuant vaut mieux que cent cohortes,
De Tygres, de Lyons, ou de Pantheres mortes,
Bien que pauure suiet ie prefere mon sort,
A celuy-là d'vn Prince ou d'vn Monarque mort,
Croy moy sur mon conseil, ne donnons point nos testes,
Pour preseruer autruy ne soyons pas si bestes.

Deuxis.
Mourions nous pour cela,

Syllar.
croy-tu viure vn moment
Apres s'estre mocqué de son commandement.

Deuxis.
Mais le Roy craint-il point la Iustice plus haute,
En nous faisant mourir il descouure sa faute,
Nos testes ne sçauroient venir sur l'eschaffaut,
Sans y faire monstrer son criminel deffaut.

Syllar.
Pour nous exterminer quand ils en ont enuie,
Les Roys ont cent moyens pour nous oster la vie,
Nos torts sont dans leurs mains, ils les peuuent finir,
Ils peuuent le plus iuste innocemment punir,
Quelque tort que ce soit quand vn Roy nous accuse,
Sa grande authorité ne manque point d'excuse,
Contre le Prince aux droicts, il ne se faut fier,
Le pretexte plus faux le peut iustifier,
Outre qu'au Souuerain la perte de deux hommes
Ne se doit reprocher de deux tels que nous sommes.

Plusieurs qui ne sont point ainsi Religieux,
Et qu'vn si grand secret rendroit trop glorieux,
Ces mouuemens du Roy ne craindront pas de suiure,
Apres cela crois-tu qu'il nous souffrist de viure,
Nous ne sçaurions fuyr de son bras irrité,
L'iniure d'vn supplice à demy merité.
Deuxis.
Il faut donc se bannir & bien loing d'vn Empire,
A tous les gens de bien, le moins seur & le pire.
Syllar.
Voyageant l'Vniuers de l'vn à l'autre bout,
Nous ne sçaurions fuir, les Roys courent par tout,
Ils ont de longues mains qui par tout ce bas monde,
Sans se mouuoir d'vn lieu touchent la terre & l'onde.
Deuxis.
Tu dis vray, ta raison me rend ores consus.
Syllar.
Coulpables vers le Roy, de ce coüard refus,
C'est fait de vous aussi, faisant ce qu'il commande,
Sans doute apres cela nostre fortune est grande,
Ces Royalles faueurs nos esprits saouleront,
Et dans nos cabinets des flots d'or couleront.
Deuxis.
L'or ce metail sorcier, corromps tout par ses charmes,
Deuant luy prosterné, l'honneur met bas les armes,
Il n'est si fort rempart de Iustice ou de foy,
Qu'il ne brise, il ne craint ny pieté, ny Loy,
L'or peut tout, mesme alors que son apas s'adresse,
A des hommes vaillans que la misere presse,
Comme moy mal-heureux, que l'horreur de la faim,
Contraint à desirer ce detestable gain,
Monstre de pauureté, ta dent est plus funeste,
Que le feu plus cuisant & la plus forte peste,

Le meurtrier que la peur bourrelle inceſſamment,
Au prix de tes forçats eſt puny doucement,
Dans les plus grands remords des faicts les plus infames,
Sçauoir qu'on a du bien, conſole fort les ames,
L'argent purge le crime, & nous guerit de tout.

Syllar.
A la fin tout va bien, ie voy qu'il ſe reſoult,

Deuxis.
Le ſort en eſt ietté, mon ame eſt expoſee
A ce qu'il ſe plaira, ie voy l'affaire aiſee.

Syllar.
Il ne faut ſeulement que le guetter icy,

Deuxis.
Le voyla ce me ſemble,

Syllar.
il me le ſemble auſſi,

Deuxis.
Donnons,

Pyrame.
on ne me peut ſurprendre,
Aſſaſſins vous ſçaurez ſi ie me ſçay deffendre,
Bien que ſeul contre deux ie vous feray ſentir
Qu'on ne ſe prend à moy qu'auec du repentir.

Deuxis.
O Dieux ie ſuis bleſſé,

Pyrame.
ſi ta main n'eſt meilleure,
Ce laſche & traiſtre ſang tu vomiras ſur l'heure,
Ton ſort comme le ſien pend au bout de ce fer.

Deuxis.
O Dieux! que ie fais bien icy l'experience,
Qu'il ne faut rien tenter contre ſa conſcience.

Pyrame.

Conscience volleur, ie croy que le remords,
Ne te presse qu'en temps que tu vas voir les morts,
Que tu sens la frayeur d'vne peine eternelle,
Recueillir en mourans ton ame criminelle.

Deuxis.

Ha! si vous me laissiez vn peu la liberté,
De vous parler auant que perdre la clarté.

Pyrame.

Que me sçaurois-tu dire.

Deuxis.

Vne chose sans doute,
Qui vous pourroit seruir.

Pyrame.

il faut que ie l'escoute,
Qu'est-ce?

Deuxis.

ce qu'on pourroit à peine deuiner,
Le Roy nous a contraint de vous assassiner.

Pyrame.

O Ciel! que m'as-tu dit, mais faut-il croire vn traistre.

Deuxis.

Ie vous dis ce qui est.

Pyrame.

mais ce qui ne peut estre,
Dieux, tout mon sang se trouble il est vray que le Roy
Ayme à ce qu'on m'a dit, en mesme lieu que moy,
Helas! ie suis perdu mon mal est sans remede,
Contre mon Roy, quel Dieu puis-ie trouuer qui m'ayde.

Deuxis.

Voyez de vous conduire en cela sagement,
Maintenant ie trespasse auec allegement.

Pyrame.

L'Enfer te soit propice, & sa nuict mal-heureuse,

Pour vn si bon remords te soit moins rigoureuse,
Au reste il faut fuyr, c'est le meilleur conseil,
Sans faire plus icy, ny repos, ny sommeil,
Quand le courroux des Roys fait esclater leurs ames,
C'est pis dix mille fois que torrens & que flammes,
Il faut s'oster de là, mais de necessité,
Thisbé, vous m'en auez souuent sollicité.
Vous m'auez dit cent fois que vous seriez heureuse,
De suiure loing d'icy ma fortune amoureuse,
Que vous craigniez ce Prince, & que de nostre Amour,
Quelque mal'heur au nostre arriueroit vn iour,
Il y faudra pouruoir, & si l'humeur hardie
De ce courage ardent ne s'est pas refroidie,
Nous nous affranchirons de ses cruelles loix,
Et nous n'aurons que nous, de parens, ny de Rois.

SCENE II.

PYRAME, DEVXIS,
LE ROY, SYLLAR.

A Cét affront, le sang au visage me monte,
Que ma condition souffre auiourd'huy de honte,
Sçachans que de ma part tu luy voulois parler.

Syllar.
En vain cent fois le iour vous m'y seriez aller.

Le Roy.
Que Thisbé n'a point fait semblant de te cognoistre.

Syllar.
Sire, tout aussi tost qu'elle m'a veu paroistre,
Destournant ses regards, surprise à l'impourueu,
Ainsi qu'elle auroit fait d'vn serpent qu'elle eust veu.

Elle s'est engagée en vne compagnie,
A faire des discours d'vne suitte infinie,
Iusqu'à tant qu'elle a peu se desrober de moy.

Le Roy.

Traitter si rudement la passion d'vn Roy,
Faut il que nous ayons, fils des Dieux que nous sommes,
Le sentiment semblable au vulgaire des hommes,
Ingratte si faut-il que ie te mette vn iour,
Dans le choix d'esprouuer ma haine ou mon Amour,
Tu sçauras que ie regne, & que la tyrannie
Me peut bien accorder ce que l'Amour me nie
Ce beau fils despesché, si ton cœur ne demord,
Tu te pourras bien voir sa compagne à la mort,
Mais! voicy de retour mon fidelle ministre,
Ie lis dessus son cœur quelque rapport sinistre,
Il craint de m'aborder, parle & leue les yeux?

Syllar.

L'affaire va tres-mal.

Le Roy.

ie n'attendois pas mieux.

Syllar.

Mon compagnon est mort & moy couuert de playes,
Vous viens faire rapport de ces nouuelles vrayes;
Nous auions à peu pres l'ouurage executé,
Que le peuple en fureur dessus nous s'est ietté,
Et d'armes & de cris vne croissante suitte,
A peine m'a donné le loisir de la fuitte.

Le Roy.

C'est trop, ie voy qu'amour se mocque de mes vœux,
Que le Ciel par dessein deffend ce que ie veux,
Ie suis au desespoir, mon ame est trop gehennee,
I'ay gardé dans le sein la mort toute vne annee,
Mes mal-heurs vont sans fin l'vn l'autre se suiuans,

La saison de l'Hyuer n'a iamais tant de vents,
Iamais tant de frimats, ny de froid, ny de gresle,
Qu'il ne fasse en trois mois quelque beau iour pour elle,
Iamais vieillard caduc ne s'est si mal porté
Qu'il n'ait eu dans l'année quelque heure de santé.
Eolle quelquefois tient tous les vents en bride,
Et fait voir aux Nochers le front des eaux sans bride,
Et l'astre le plus fier & plus malin des Cieux,
Iamais de mon destin n'a destourné ses yeux,
Ce traistre me donna le sceptre & le courage,
Pour me donner les maux auecques plus d'outrage,
Mais ie me plains en vain, le Ciel n'a point de tort,
Tout homme de courage est maistre de son sort,
Il range la Fortune à son obeyssance,
Son denoir ne cognoist de Loy que sa puissance,
Mesmes quand c'est vn Roy qui n'a d'autre denoir
Que de iouyr des droicts d'vn souuerain pouuoir.
Non, non, mon iugement n'est plus sur la balance,
Sillar tous mes conseils vont à la violance,
Retente vne autre fois encor' tout le dessein,
Va dans son lict luy mettre vn poignard dans le sein,
Dis que c'est de ma part, fay toy donner main forte,
Pour forcer la maison, dis que c'est moy, n'importe,
Controuue quelque crime à fin de l'accuser,
En mon nom, tu pourras tout dire & tout oser.

Syllar.

Que la fureur des Rois est vne chose estrange,
Ils veulent que le Ciel à leur humeur se range,
Que tout leur fasse ioug en ce cruel desir,
S'il se seruoit d'vn autre il se feroit plaisir.

ACTE QVATRIESME.

PYRAME, THISBE', LA MERE DE THIBE', SA CONFIDENTE.

SCENE I.

PYRAME, THYSBE'.

U voids en quel danger nostre fortune est
   mise,
Que mesme la clarté ne nous est pas per-
   mise.
En fin ne veux-tu point forcer ceste prison,
Icy l'impatience est ioincte à la raison,
Le tyran qui desia faict esclatter sa rage,
A fin de l'assouuir mettra tout en vsage,
Et possible deuant que le flambeau du iour,
Ne fasse voir demain ses coursiers de retour,
Nous sçaurions ce que peut vne fureur vnie,
Auec l'authorité d'vne force impunie.

Thisbé.

Le conseil en est pris sans attendre à demain,
Il faut resolument s'affranchir de sa main,
Ie seray bien heureuse ayant de la Fortune,
Et disgrace, & faueur, auecques toy commune,
Lors que ie n'auray plus d'espions à flatter,
Que ie n'auray parens ny mere à redouter,
Et qu'Amour ennuyé de se monstrer barbare

Ne

Ne nous donnera plus de mur qui nous separe.
Que sans empeschemens nos yeux pourront passer,
Par tout où sont venus la voix & le penser,
Lors d'vn parfaict plaisir entre les bras comblée,
Mon ame du Tyran ne sera pas troublée,
Lors ie n'auray personne à respecter que toy.

Pyrame.

Lors tu n'auras personne à commander que moy,
Dessus mes voluntez la tienne souueraine,
Te donnera tousiours la qualité de Royne,
Thisbé ie iure icy la grace de tes yeux,
Serment qui m'est plus cher que de iurer les Dieux,
Que ton affection auiourd'huy me transporte,
Ie ne la croyois pas estre du tout si forte,
Ie doutois que l'on peust aymer si constamment,
Et que tant d'amitié fut pour moy seulement,
Que des objects plus beaux.

Thisbé.

n'acheue point Pyrame,
Vn si mauuais soupçon tu blesserois mon ame,
Autre object que le sien, c'est me desobliger.
Mon cœur, & quel plaisir prends tu de m'affliger.

Pyrame.

Ne crois point que cela trouble ma fantaisie,
Mais laisse à tant d'amour vn peu de ialousie,
Non plus pour les mortels, car i'ose m'asseurer
Que tu n'ayme que moy.

Thisb.

tu le peux bien iurer.

Pyrame.

Mais ie me sens ialoux de tout ce qui te touche,
De l'air qui si souuent entre & sort par ta bouche,
Ie croy qu'à ton subiect le Soleil fait le tour,

E

Auecques les flambeaux, & d'ennuie & d'Amour,
Les fleurs que sous tes pas tous les chemins produisent,
Dans l'honneur qu'elles ont de se plaire me nuisent,
Si ie pouuois complaire à mon ialoux dessein,
I'empescherois tes yeux de regarder ton sein,
Ton ombre suit ton corps de trop pres ce me semble,
Car nous deux seulement deuons aller ensemble.
Bref vn si rare obiect m'est si doux & si cher,
Que ta main seulement me nuit de te toucher.

Thisb.

Hors de l'empeschement qui nous separe icy,
Tu sçauras que tes vœux sont mes desirs aussi,
Que ton mal est celuy dont ie me sens pressée :
Mais la course du iour s'en va desia passée,
La Lune se confond auecque sa clarté,
Il est temps de pouruoir à nostre liberté,
Il faut que nostre suitte à la nuict se hazarde,
Car auec trop de soin tout le iour on me garde.

Pyrame.

C'est tres-bien aduisé quand d'vn sommeil profond,
La premiere douceur dans nos veines se fond,
Qu'en ce pesant fardeau tout taciturne & sombre,
On n'oyt que le silence, on ne void rien que l'ombre,
Il se faut desrober chacun de sa maison,
Ou plustost se sauuer chacun de la prison.

Thisb.

Mais au sortir d'icy pour nous voir en peu d'heure,
Quelle assignation trouuerons-nous plus seure.

Pyrame.

En attendans le iour, vn lieu propre & bien pres,
Il semble que l'Amour me le descouure expres,
Le tombeau de Ninus,

Thisb.

il est vrayement bien proche.
Pyrame.
Là coule vn clair ruisseau tout au pied d'vne roche,
Qui de ses viues eaux entretenant les fleurs,
Maintient à la prairie & l'ame & les couleurs :
Vn arbre tout aupres, fertile en Meures blanches,
Nous offre le couuert de ses espaisses branches,
Sçaurions-nous rencontrer vn lieu plus à souhait.
Thisbé.
Il est le mieux du monde allons cela est faict.

SCENE II.

LA MERE, SA CONFIDENTE.

ENcores de frayeur tous mes cheueux se dressent,
Ses farouches regards encor à moy s'addressent
Ha ! sommeil mal-heureux en ce songe trompeur,
Que tu m'as fait, ô Dieux ! que tu m'as fait de peur,
De ceste vision l'image triste & noire,
Auecques trop d'horreur s'attache à ma memoire,
I'ay resué tout le iour dans l'apprehension,
De ma mauuaise nuict.
La Confidente.
ce n'est qu'illusion.
La Mere.
Combien en voyons-nous à qui la voix des songes
A dict des veritez,
La Confidente.
comme aussi des mensonges.
La Mere.
Cette frayeur me tient pourtant dans les esprits,

E ij

Trop auant pour auoir son presage à mespris,
Iamais vne si triste & si pasle figure,
Ne se presente à nous sans vn mauuais augure,
Vne pareille nuiṫ ne me vient pas souuent.

La Confidente.

A qui fuit la raison le songe n'est que vent,
Il est bon ou mauuais, feinct, vray, ou variable,
Selon l'erreur douteux de nostre esprit muable.

La Mere.

Si tu sçauois comment ce songe est apparu,
Comment contre tous la mort m'a escouru,
De quelque fermeté que ta raison se vante,
Possible prendrois-tu ta part de l'espouuante.

La Confidente.

S'il ne vous est fascheux de me le faire ouyr.

La Mere.

Si cét ombre en parlant pouuoit s'esuanouyr,
Et que sa same errante encores dans ma couche,
Peust sortir de mon ame en sortant de ma bouche,
Tu me verrois tres-prompte à te faire sçauoir,
Ce que mes yeux fermez n'ont que trop sceu voir.

La Confidente.

« Deschargeant sa douleur dedans l'ame fidelle,
« De quelqu'vn que l'on ayme on la sent moins cruelle,
Le plus foible secours que l'on vous puisse offrir,
Nous fait le mal au moins plus doucement souffrir,
S'il en faut souspirer, qu'auec vous ie souspire.

La Mere.

Ta curiosité me presse de le dire,
L'heure où nos corps chargez de grossieres vapeurs,
Suscitent en nos sens des mouuemens trompeurs,
Estoit desia passée, & mon cerueau tranquile,
S'abbreuuoit des pauots que le sommeil distile

Sur le poinct que la nuict est proche de finir,
Et le Char de l'Aurore est encor à venir.
La Confidente.
Enuiron ce temps-là, l'opinion vulgaire,
Tient que les songes ont la vision plus claire.
La Mere.
Plusieurs éuenemens me sont desia tesmoins,
Que leur incertitude alors trompe le moins.
La Confidente.
Nous preserue le Ciel que cestuy-cy persiste,
A nous prognostiquer son aduenture triste.
La Mere.
Sçache que iamais songe en son obscurité,
N'a fait voir tant d'horreur, ny tant de verité.
La Confidente.
Vrayement à vous ouyr i'en suis desia touchee.
La Mere.
Le voicy, Dieu! mon ame en est effarouchee.
I'ay veu tout au trauers d'vn bandeau du sommeil,
Au milieu d'vn desert l'Eclypse du Soleil,
C'est le premier obiect de la funeste image,
Qui marque à mon dessein vn asseuré dommage,
En ceste nuict espaisse où par tout l'Vniuers,
Les obiects demeuroient également couuerts,
I'ay senty sous mes pieds ouurir vn peu la terre,
Et de là sourdement bruire aussi le tonnerre,
Vn grand vol de corbeaux sur moy s'est assemblé,
La Lune est deuallee, & le Ciel a tremblé,
L'air s'est couuert d'orages, & dans ceste tempeste,
Quelques gouttes de sang m'ont tombé sur la teste.
Vn Lyon l'œil ardant, & le crain herissé,
Dessus mon large col hideusement pressé,
Rugissant sans me voir aupres de la causine,

A fait autour de moy deux ou trois fois vn cerne,
Certains cris sous-terrains rompus par des sanglots,
Comme vn mugissement de riuage & de flots,
Au trauers le silence; & l'horreur des tenebres,
M'ont transpercé le cœur de leurs accens funebres.
La Confidente.
O Dieu! tant seulement à vous ouyr parler,
Ie sens que tout d'horreur mon cœur se va geler.
La Mere.
De là tombant à coup, dans des frayeurs plus viues,
Il m'a semblé d'errer aux infernales riues,
Où d'vne nuict plus noire encore m'aueuglant,
I'ay rencontré d'abord vn corps pasle & sanglant,
Qui me representoit d'vn obiect lamentable,
De ma fille Thisbé, le pourtraict veritable.
Le corps auoit le sein de trois grands coups ouuert,
Qui teignois le linceul dont il estoit couuert.
Aussi tost que ses yeux ont cogneu mon visage,
Quoy qu'ils ne fussent plus que d'ombre & de nuage,
M'eslançoient des regards auec vn tel effort,
Qu'ils me sembloient des traicts que decochast la mort,
Puis m'approchant me dit, d'vne voix aigre & forte,
Que cherche-tu tygresse? & bien me voila morte,
Tu viens donc inhumaine en ces bords malheureux,
Pour encor espier nos esprits amoureux,
Et me prenant la main tire hors de ma place,
Pour me monstrer Pyrame estendu sur la glace,
Qui par le mesme endroit d'autant de coups blessé,
Monstroit qu'vn mesme esprit l'auoit aussi poussé.
Voy dit-elle barbare en ce piteux spectacle,
Dequoy nous a seruy ton ennieux obstacle,
Qui te meut de venir toubler nostre amitié,
Icy nostre destin abhorre ta pitié.

L'Enfer plus doux que toy laisse viure nos flames,
Va ne reuiens iamais importuner nos ames,
Là son bras m'a poussée, alors tout en sursaut,
Ie me suis esueillée auec vn cry fort haut,
N'est ce pas là dequoy me donner de l'embrage ?
La Confidente.
Mais bien dequoy troubler le plus hardy courage.
La Mere.
Vrayement ie me repens d'auoir tancé si fort
Vne si bonne fille, & cognois que i'ay tort,
Ie veux d'oresnauant d'vne bride moins forte
Retenir les desirs où son aage la porte.
La Confidente.
Madame il est bien vray qu'vn peu moins rudement,
Vous la gouuernerez bien plus commodement,
Comme elle est de son sang elle a l'humeur altiere,
La force en vn bon cœur fait moins que la priere,
En cét aage à peu pres il me souuient qu'vn iour,
Mon pere me voulut destourner d'vn Amour,
Qu'il iugeoit peu sortable, & moy bien à ma sorte,
Sa deffense rendit ma passion si forte,
Que dedans peu de iours il veid bien qu'il falloit
A la fin s'accorder à ce qu'Amour vouloit,
Ny le respect d'autruy, ny nostre ame elle mesme,
Ne se peut empescher de suiure ce qu'elle aime.
La Mere.
Asseure toy d'auoir desormais le plaisir,
De me voir indulgente à son ieune desir.

SCENE III.

THISBE' SEVLE.

Deesse de la Nuict, Lune mere de l'ombre,
Me voyant arriuer sous ce fueillage sombre,
Tiens toy dans ton silence, & ne t'offence pas,
De l'Amour effronté qui guide icy mes pas,
Ne me regarde point pour enuier mon aise,
C'est assez qu'icy bas qu'Endimion te baise,
Et sans me quereller d'aucun ialoux soupçon,
Demeure toute seule auecque ton garçon,
Et croy qu'en ce dessein que mon Amour hazarde,
Ie n'ay d'intention pour rien qui te regarde,
Celuy qui maintenant te fait icy venir,
N'a que trop dans ses yeux dequoy m'entretenir,
Et toy sacré ruisseau dont le plaisant riuage,
Semble plus accostable en ce qu'il est sauuage,
Redouble à ma faueur le doux bruit de ton cours,
Tant que tous les Syluains en puissent estre sourds,
Et que la vaine Echo de ton bruit assourdie,
Mes amoureux propos à ces bois ne redie.
Mais non, va doucement de peur de resueiller
Les Nymphes de tes eaux, laisse les sommeiller,
L'onde ne leur met pas tant de froideur dans l'ame,
Qu'elle ne s'embrassast en regardant Pyrame,
Mais quoy ? ce paresseux est encor à venir,
Ie ne sçay quel subiect le peut tant retenir,
Il a bien de l'amour, mais il n'est pas possible,
Qu'il ne ressente au point, où ie me voy sensible,
Ie ne le dis qu'à vous, ruisseaux, antres, forests,

A qui mesme Diane a commis ses secrets,
A ma faueur, Echo commande à ceste roche,
De luy toucher vn mot d'vn amoureux reproche,
Mais n'oy-je pas de loing ce semble vn peu de bruict,
I'entrenoy la clarté comme d'vn œil qui luit,
Helas! qu'ay-je apperceu, Dieux! l'effroyable beste,
Vn Lyon affamé qui cherche icy sa queste,
Fuy Thisbé les horreurs d'vn si mauuais destin,
Dieux! que Pyrame au moins n'en soit pas le butin.

ACTE CINQVIESME.

SCENE I.

PYRAME SEVL.

N fin ie suis sorty; leur prudence importune,
N'a plus à gouuerner, ny moy, ny ma fortune,
Mon Amour ne suit plus que le flambeau d'Amour,
Dans mon aueuglement ie trouue assez de jour.
Belle nuict qui me tends tes ombrageuses toiles:
Ha! vrayement le Soleil vaut mieux que tes estoilles,
Douce & paisible nuict, tu me vaux desormais
Mieux que le plus beau iour ne me valut iamais.
Ie voy que tous mes sens se vont combler de ioye,
Sans qu'icy nul des Dieux ny des mortels me voye,
Mais me voicy desja proche de ce tombeau,
I'apperçoy le Meurier, j'entends le bruict de l'eau,
Voicy le lieu qu'Amour destinoit à Diane,
Icy ne vient iamais rien que moy de prophane,
Solitude, silence, obscurité, sommeil,
N'auez-vous point icy veu luire mon Soleil.
Ombres, où cachez-vous les yeux de ma maistresse,
L'impatient desir de le sçauoir me presse:
Tant de difficultez m'ont tenu prisonniere

F

Que ie mourois de peur d'estre icy le dernier :
Mais à ce que ie voy, ie m'y rends à bonne heure,
Puis qu'encore en son lict, mon Aurore demeure,
Attendant qu'elle arrive icy bien à propos.
Le reste de la nuict m'offre son doux repas :
Mais pourrois ie dormir en mon inquietude,
Quelque sommeil qui regne est ceste solitude,
Depuis que ie la sers, Amour m'a bien instruict,
A passer sans dormir les heures de la nuict,
Le murmure de l'eau, les fleurs de la prairie,
Cependant flatteront vn peu ma resuerie,
O fleurs si vos esprits iamais se transformans,
Despouillerent le corps des malheureux Amans,
S'il en est parmy vous qu'il se souuienne encore
D'auoir souffert ailleurs qu'en l'Empire de Flore,
Deux objects de pitié ne soyez point ialoux,
Si la faueur d'Amour m'a traicté mieux que vous,
Et si du temps passé le souuenir vous touche,
Prestez nous sans regret vostre amoureuse couche ;
Mais desia la rosee a vos tapis mouillez,
Que dis-ie, c'est du sang qui vous les a souillez,
D'où peut venir ce sang : La troupe sanguinaire,
Des Ours & des Lyons, vient icy d'ordinaire :
Vne frayeur me va dans l'ame repassant,
Ie songe aux cris affreux d'vn Hibou menaçant,
Qui m'a tousiours suiuy, ces ombrages nocturnes,
Augmentent ma terreur, & ces lieux taciturnes.
Dieux ! qu'est-ce que ie voy, i'en suis trop esclaircy,
Sans doute vn grand Lyon a passé par icy,
I'en recognois la trace, & voy sur la poussiere,
Tout le sang que versoit sa gueulle carnassiere :
O Ciel ! en quelle horreur en fin ie suis tombé,
Detestable i'arriue aux traces de Thisbé.
Ces traces que ie voy son pied les a formees,
Et celles du Lyon pesle-mesle imprimees,
Parmy cela du sang abondamment esparts,
Ha ! ie ne voy qu'erreur, que morts de toutes parts,
Il n'en faut plus douter, mon œil me dit ma perte,
Iustes Dieux si peut-il que vous l'ayez soufferte,
Mais vous n'en sçauez rien, vous estes de faux Dieux,
C'est moy qui l'ay conduitte en ces coulpables lieux,

Moy traistre qui sçavois qu'auprés de ceste source,
Les Ours & les Lyons font leur sanglante course,
Que la commodité de ce frais abbreuvoir,
Et de ce lieu desert, tousiours les y fait voir,
Infame criminel & desloyal Pyrame,
Qu'as-tu fait de Thisbe qu'as tu fait de ton ame,
Comment me suis-je ainsi de moy mesme privé,
Elle m'a prevenu, le iour est arrivé,
Voy-je pas que l'Aurore en sa pointe premiere,
Espanche au Ciel ouvert sa confuse lumiere,
Soleil voudrois tu luire aprés cet accident,
Cherche pour te cacher un plus noir Occident,
Toutefois monstre toy, tu le pourras sans honte,
Il n'est plus de Soleil ça bas qui te surmonte,
Thisbe n'est plus au monde, ô bel arbre ! ô rocher !
O fleurs en quel endroit me la faut il chercher ?
Beau cristal innocent dont le miroir exprime,
Sur mon front pallissant l'image de mon crime,
Toy qui dessus tes bords la voyois dechirer,
N'en as-tu quelque membre au moins sceu retirer ?
Traistre tu n'as servy qu'à r'affraischir la gueulle
Du Lyon, luy laissant ma Thisbé toute seule :
Mais pourquoy les cailloux veux-ie icy quereller,
C'est à mon imprudence à qui ie dois parler,
C'est à mes cruautez à qui ie dois la peine,
De la mort le plus iuste, & la plus inhumaine
C'est moy de qui les bras la devoient secourir,
Et qui ne l'ont pas fait, c'est moy qui dois mourir,
Sortez à ma faveur de vos demeures creuses,
Pour deschirer ce corps, venez trouppes affreuses,
Mon iuste desespoir vous presse, il vous attend,
Sans deffence un butin ce pauvre corps vous tend ;
Cruels ne cherchez point que dans les bergeries
Quelque innocent aigneau s'immole à vos furies,
Destournez desormais le cours à vos larcins,
Mangez les criminels, tuez les assassins,
En toy Lyon, mon ame a fait ses funerailles,
Qui digerez desia mon cœur dans ses entrailles,
Reviens & me fay voir au moins mon ennemy,
Encores tu ne m'as devoré qu'à demy.

F iij

Acheue ton repas ; tu seras moins funeste,
Si tu m'es plus cruel, acheue donc ce reste,
Oste moy le moyen de te iamais punir,
Mais ma douleur te parle en vain de reuenir,
Depuis que ce beau sang passe en ta nourriture,
Tes sens ont despoüillé leur humaine nature,
Ie croy que ton humeur change de qualité,
Et qu'elle a plus d'amour que de brutalité,
Depuis que sa belle ame est icy respanduë,
L'horreur de ses forests est à iamais perduë,
Les Tigres, les Lyons, les Pantheres, les Ours
Ne produiront icy que de petis Amours.
Et ie croy que Venus verra bien tost escloses,
De ce sang amoureux, mille boutons de roses,
Mon sang dessus le sien par icy coulera,
Mon ame auec la sienne ainsi se meslera,
Qu'il me tarde desia que mon ombre n'arriue,
Reioindre son esprit sur la mortelle riue :
Au moins si ie trouuois d'vn chef-d'œuure si beau,
Quelque saincte relique à mettre en vn tombeau,
Ie ferois dans mon sein vne large ouuerture,
Et sa chair dans la mienne auroit sa sepulture,
Toy son viuant cercueil, reuiens me deuorer,
Cruel Lyon reuiens, ie te veux adorer :
S'il faut que ma Deesse en ton sang se confonde,
Ie te tiens pour l'Autel le plus sacré du monde,
O Dieux ! si ie ne voy rien d'elle à mon trespas,
Au moins ie baiseray la trace de ses pas,
Et ma levre ensuiuant ceste sanglante route,
Cent fois rebaisera son beau sang goutte à goutte,
Ah ! beau sang precieux qui tout froid & tout mort,
Faites dedans mon ame encor vn tel effort,
Vous auez donc quitté vos delicates veines,
Pour acheuer en fin vos tourments, & mes peines,
Puis que le sort me dit que vous l'auez voulu,
Il ne m'y verra pas moins que vous resolu.
Mais que trouuay-ie icy ? ceste sanglante toille,
A la pauure deffuncte auoit seruy de voile,
O trop cruel tesmoin de mon dernier malheur,
Tesmoin de mon forfait sois le de ma douleur,

Mais quoy dedans l'object d'vn sort si déplorable,
Sanglans & deschiré tu m'es encor aymable,
Le faut-il adorer ? il le faut ie le veux,
Il a touché iadis l'or de ses blonds cheueux :
Ce voile à nos Amours prestant son chaste vsage,
Deffendoit au Soleil de baiser son visage,
Il fut en ma faueur soigneux de son beau teint :
Sois-tu d'oresnauant reueré comme sainct.
Et qu'en faueur du sang qui peint nostre infortune,
La nuict te daigne mettre auec sa robe brune ?
Mais ie croy que mon cœur se flatte en sa langueur,
Il est temps que ma vie acheue sa rigueur,
Au dessein de mourir dois ie chercher qui m'ayde,
Rien que ma main ne s'offre à ce dernier remede,
Terre si tu voulois s'ouurir dessous mes pas,
Tu me ferois plaisir, mais tu ne le fais pas,
Il semble que ton flans dauantage se serre,
Dieux ! si vous me vouliez enuoyer le tonnerre,
Ie vous serois tenu, mais ô propos honteux,
Mon trespas à m'ouyr est encores douteux,
Mon desespoir encor en moy se delibere,
Mais l'estourdissement, non la peur le differe :
Voicy dequoy vanger les iniures du sort,
C'est icy mon tonnerre, & mon gouffre, & ma mort.
En despit des parens, du Ciel, de la Nature,
Mon supplice sera la fin de ma torture :
Les hommes courageux meurent quand il leur plaist.
Ayme ce cœur Thisbé tout massacré qu'il est,
Encor vn coup Thisbé par la derniere playe,
Regarde là dedans si ma douleur est vraye.

SCENE II.

THISBE' SEVLE.

A Peine ay-ie repris mon esprit & ma voix,
Ceste peur m'a fait perdre vn voile que i'auois,
Et m'a fait demeurer assez long-temps cachee.

Possible mon Amant m'aura depuis cherchee,
Il doit estre arriué s'il n'a perdu le soin,
De me venir trouuer, car le iour n'est pas loin,
Ie n'entens plus que l'eau que verse la fontaine,
Le silence profond me rend assez certaine,
Que ie puis approcher la tombe, où cependant,
Mon Pyrame languist sans doute en m'attendant,
La beste qui cherchois l'eau de ceste vallee,
Ayant esteint sa soif, ores s'en est allee,
Autrement s'entendrois qu'elle feroit du bruict,
Et ses yeux brilleroient au trauers de la nuict,
O nuict ie me remets en fin sous ton ombrage,
Pour auoir tant d'amour i'ay bien peu de courage,
Mais ou mon œil s'abuse en vn obiet trompeur,
Voicy dequoy rentrer en ma premiere peur,
Vne subite horreur me prend a l'impourueüe,
Et si l'obscurité peut asseurer ma veuë,
Vn augure incertain, mes soupçons ne déments
Certains pas dans les miens meslez confusément,
Ceste place par tout sanglante & si foulee,
Monstre qu'icy la beste a sa fureur saoullee,
Dieux! ie v y par la terre vn corps qui semble mort,
Mais pourquoy m'effrayer, c'est Pyrame qui dort,
Pour diuertir l'ennuy de son attente oysiue,
Il repose au doux bruict de ceste source viue,
Ce sera maintenant a luy de m'accuser:
Mais ce lieu dur & froid, mal propre à reposer,
Que desia la rosee a rendu tout humide,
M'oblige a l'esueiller. Dieux! que ie suis timide,
I'ay son contentement & son repos si cher,
Que ma voix seulement a peur de le fascher,
Il dort si doucement qu'on ne sçauroit a peine
Discerner parmy l'air le bruict de son haleine,
Mais d'où vient qu'immobile, & froid dessous ma main,
Il semble mort, Pyrame, ô Dieux! i'appelle en vain,
Il ne respire plus, ce beau corps est de glace,
Helas! ie voy la mort peinte dessus sa face,
D'vne eternelle nuict son bel œil est couuert,
Ie voy d'vn large coup son estomach ouuert,
Hé! ne meurs pas si tost, ouure vn peu la paupiere,

Respire encore vn coup ie mourray la premiere,
Ne t'en vas point sans moy, ne me fais point ce tort ;
Tu ne me responds rien, mon cœur tu n'es pas mort,
Les Dieux ne meurent point la nature est trop sage,
Pour laisser ruyner son plus aymable ouurage,
Mais ô foible discours, ô faux soulagements,
La perte que ie fais m'oste le iugement :
Pyrame ne vit plus, ha ! ce souspir l'emporte,
Comment ! il ne vit plus & ie ne suis pas morte ?
Pyrame, s'il te reste encore vn peu de iour,
Si ton esprit me garde encore vn peu d'amour,
Et si le vieux Charon touché de ma misere,
Retarde tant soit peu sa barque à ma priere,
Attends moy ie te prie, & qu'vn mesme trespas,
Acheue nos destins, ie m'en vay de ce pas,
Mais tu ne m'attends point, & si peu que ie viue
En ce dernier deuoir mon sort veut que ie suiue ;
Coulpable que ie suis de ceste iniuste mort,
Malheureux criminel de la fureur du sort,
Quoy? ie respire encore, & regardant Pyrame
Trespassé deuant moy, ie n'ay point perdu l'ame :
Ie voy que le rocher s'est esclatté de dueil,
Pour respandre des pleurs pour m'ouurir vn cercueil ;
Ce ruisseau fuit d'horreur qu'il a de mon iniure,
Il en est sans repos, ses riues sans verdure,
Mesme au lieu de donner de la rosée aux fleurs,
L'Aurore à ce matin n'a versé que des pleurs,
Et cét arbre touché d'vn desespoir visible,
A bien trouué du sang dans son tronc insensible,
Son fruict en a changé, la Lune en a blesmy,
Et la terre a sué du sang qu'il a vomy.
Bel arbre puis qu'au monde apres moy tu demeures,
Pour mieux faire paroistre au Ciel tes rouges meures,
Et luy monstrer le tort qu'il a fait à mes vœux,
Fay comme moy de grace, arrache tes cheueux,
Ouure toy l'estomach & fay couler à force,
Ceste sanglante humeur par toute ton escorce,
Mais que me sert ton dueil, rameaux prez verdissans,
Qu'à soulager mon mal vous estes impuissans,
Quand bien vous en mourriez on void la destinée,

R'amener vostre vie ne r'amenant l'amie,
Vne fois tous les ans nous vous voyons mourir,
Vne fois tous les ans nous vous voyons fleurir,
Mais mon Pyrame est mort sans espoir qu'il retourne
De ces palles manoirs où son esprit sejourne
Depuis que le Soleil nous void naistre & finir,
Le premier des deffuncts est encor à venir,
Et quand les Dieux demain me le feroient reuiure,
Ie me suis resoluë auiourd'huy de le suiure,
I'ay trop d'impatience, & puis que le destin,
De nos corps amoureux fait son cruel butin,
Auant que le plaisir que meritoient nos flammes,
Dans leur embrassemens ait peu mesler nos ames,
Nous les ioindrons là bas, & par nos saincts accords,
Ne seront qu'vn esprit de l'ombre de deux corps,
Et puis qu'à mon sujet sa belle ame sommeille,
Mon esprit innocent luy rendra la pareille,
Toutesfois ie ne puis sans mourir doublement,
Pyrame s'est tué d'vn supçon seulement,
Son amitié fidelle vn peu trop violente,
D'autant qu'à ce deuoir il me voyoit trop lente,
Pour auoir soupçonné que ie ne l'aymois pas,
Il ne s'est peu guerir de moins que du trespas,
Que donc ton bras sur moy dauantage demeure,
O mort & s'il se peut que plus que luy ie meure,
Que ie sente à la fois poison, flammes, & fers,
Sus, qui me vient ouurir la porte des Enfers,
Ha! voicy le poignard qui du sang de son Maistre,
S'est souillé laschement, il en rougit le traistre,
Execrable bourreau si tu te veux lauer,
Du crime commencé tu n'as qu'à l'acheuer,
Enfonce là dedans, rend toy plus rude, & pousse
Des feux auec ta lame, helas! elle est trop douce,
Ie ne pouuois mourir d'vn coup plus gracieux,
Ny pour vn autre object hayr celuy des Cieux.

F I N.

www.ingramcontent.com/pod-product-compliance
Lightning Source LLC
Chambersburg PA
CBHW062009070426
42451CB00008BA/480